MÉMOIRE

POUR

Mʳ P. L. LACRETELLE (AINÉ).

MÉMOIRE

POUR

MR P. L. LACRETELLE (AINÉ),

CONTRE

LE JUGEMENT PAR DÉFAUT

DU 16 DÉCEMBRE 1820,

PAR LE TRIBUNAL DE LA JUSTICE CORRECTIONNELLE A PARIS.

*Si le fait n'est réputé ni délit, ni con-
travention de police, le tribunal annullera l'instruction, la citation, et tout ce
qui aura suivi, renverra le prévenu, et
statuera sur les dommages-intérêts.*

(Art. 191 du Cod. d'inst. crim.)

PARIS.

DE L'IMPRIMERIE DE PLASSAN, RUE DE VAUGIRARD, N° 15,
DERRIÈRE L'ODÉON.

MARS 1821.

MÉMOIRE

POUR

MR P. L. LACRETELLE (AÎNÉ).

LE 16 décembre 1820, il a été rendu par le tribunal de la justice correctionnelle à Paris, un jugement par défaut, qui me condamne à une amende de 600 fr. et à un mois d'emprisonnement.

M. le procureur du roi avait conclu au *maximum* des peines de la loi, c'est-à-dire, à 1200 fr. d'amende, et à six mois de prison.

Déjà, et pendant les mois d'avril, mai et juin de la même année 1820, presque toutes les *justices correctionnelles* de France s'étaient occupées, avec une singulière vigilance, de certaines brochures, qui avaient paru sous la rubrique de *Lacretelle aîné, libraire, et compagnie.* Par la législation actuelle sur la presse, ne pouvant s'en prendre à ma personne, elles avaient du moins sévi contre les écrits dont je me trouvais *éditeur.* Je ne crois pas que, même dans cette époque, sans pareille pour la répression des délits de la presse, aucun écrivain l'ait si activement provoquée; et encore par le seul début d'une entreprise de librairie.

Avant d'examiner s'il y avait en cela, plus ou moins, délit, erreur ou malheur, il s'agissait de savoir quelle conduite j'avais à tenir relativement à cette énergie de la *vindicte publique* à mon égard.

Dans cette position, qui m'est nouvelle, mes amis et beaucoup de personnes de qui je n'avais à attendre que de l'intérêt et de la bienveillance, sont venus à moi et m'ont dit : Il est bien malheureux que votre défenseur qui plaidait à une autre audience, n'ait pu se présenter à la *justice correctionnelle*, qu'après le jugement porté : cela eût mieux tourné. Mais usez tout de suite du remède légal de *l'opposition*. Présentez-vous avec confiance, avec sécurité : les magistrats peuvent maintenant se désarmer des sévérités qui ont pesé sur d'autres. Voici un arrêt récent de la *cour d'appel* qui les avertit qu'entre deux peines, ils peuvent choisir la moindre. Qui pourrait penser, lorsque les tribunaux, avec une concurrence extraordinaire, vous appellent de toutes parts dans leurs enceintes, qu'ils ne vous y réserveraient que la cruelle hospitalité des prisons ? Vous êtes à l'âge où la respectueuse miséricorde des lois pour la vieillesse lui en ouvre les portes, même après des crimes.

Mais, pendant que mes amis m'offraient cette perspective favorable, M. le procureur-général de la cour royale, dans l'inflexibilité de son zèle, se pourvoit en annullation de cet arrêt, qu'on s'était empressé de m'annoncer ; et M. le procureur-général de la cour de cassation réclamait l'ascendant de la loi nouvelle, qui n'est pourtant qu'une loi temporaire, contre le vieil esprit de la législation permanente ; et la cour régulatrice décidait pour l'*exception* contre le droit commun : de sorte qu'aujourd'hui il ne serait plus possible à mes juges de se livrer à quelque mouvement d'indulgence ; et que rien ne peut plus me sauver d'un *emprisonnement,* si je ne parviens à faire tomber l'accusation par l'accusation même.

Alors mes amis sont encore revenus à moi, cette fois avec une sollicitude attristée. — Ceci va mal ; nous avions trop présumé. Prenons les circonstances comme elles sont, et les hommes comme ils se mènent ou se laissent mener. A quoi vous servirait de prouver ceci ou cela ? Le pis souvent est d'avoir trop raison. Dans ce que vous avez éprouvé, on a eu un but : croyez-vous qu'on s'en départira ? Craignez plutôt de fâcher par votre résistance. On ne vous en veut pas personnellement ; mais on a besoin que vous restiez la victime. Qui vous dit qu'en pareille affaire, du *minimum* on ne monte pas au *maximum ?* Cela s'est vu et peut se revoir. Point de bruit, pas même de défense ; c'est là où un homme du caractère que nous vous connaissons peut s'obstiner à dire ce qu'on ne veut pas entendre. Acceptez votre mois de prison, l'amende, les dépens et tout ce qui s'ensuit. On ne verra dans ces sacrifices et dans ce silence, que le soin légitime de votre repos ; et croyez-nous, en choses de cette nature, le dédain d'une facile justification est encore une digne protestation.

Il est de mon naturel, il est même des habitudes de mon esprit, d'être attiré par la reconnaissance vers des conseils affectueux ; d'être appelé par ce secours, souvent salutaire, à cette méditation recueillie qu'accompagnent l'inquiétude et le doute.

Cependant, et je commence par le déclarer avec une pleine franchise, je n'ai pu être ébranlé, je n'ai pu même être atteint par tout ce que les vues que je viens de tracer peuvent avoir de sage et de prudent. Mes amis ne considéraient que mon repos. Je n'ai cédé qu'à l'impression de ma conscience, au cri de l'honneur et à mon fidèle dévouement à la cause sacrée de ma patrie, toujours gravement intéressée dans les oppressions sur l'exercice légal du droit de la presse.

Mon imagination ne peut se faire à cette outrageuse alliance de mes cheveux blancs, avec une *sentence correctionnelle*, avec une *amende*, avec un *emprisonnement.*

Mon imagination ne se prête pas davantage à la supposition d'une lâche tentative pour dissimuler ce qui eût sauté aux yeux ; pour entreprendre effrontément ce qui devait être recherché juridiquement ; pour courir une chance de bénéfice par le ridicule espoir d'une sotte fascination ; et il n'y a pas autre chose dans les prétendues *contraventions* qu'on m'impute.

Je professe le droit, le devoir, le courage de discuter toutes les lois, de dénoncer les mauvaises à la raison publique, à l'intérêt surtout des suprêmes autorités de les révoquer. Je ne sais pas *frauder,* même celles à qui je ne crois devoir que cette stricte soumission, qui leur suffit.

Par des motifs, dont je ne dois compte encore qu'à moi seul, j'ai pu m'affubler de ces qualifications bizarres, que, hors des circonstances, le premier, je me trouverais inconvenantes, *d'éditeur responsable* pour un journal, *de libraire-éditeur* pour des brochures. Je ne sais pas en faire un usage perfide et avilissant.

Pourrais-je d'ailleurs déserter, par les froids calculs d'une résignation, qui ressemblerait encore à un incivique égoïsme, cette doctrine libérale, devenue européenne, l'honneur du siècle présent, comme la philosophie fut la gloire du dernier siècle, lorsque, dans ma conviction intime, le moment est arrivé où tout bon citoyen, tout homme de bien doit l'adopter avec zèle et la confesser hautement? Comment s'en défier et la repousser encore, quand il est pleinement avéré qu'entre les diverses nations, tout y est accord sans concert; besoin de l'ordre dans celui de la liberté ; amour du bien et sagesse dans les attaques au mal même; respect de tout ce qui tient à la justice ou à la raison; humanité, modération et mansuétude dans une intrépide résistance à tous les genres d'outrages et d'agressions ; qu'elle n'exclut les priviléges, qu'en relevant le sort des privilégiés eux-mêmes par leur part toujours supérieure dans les jouissances généreuses de l'égalité ; qu'elle ne songe qu'à incorporer les prérogatives des trônes dans les droits des peuples ; qu'elle n'enlève les rois à l'asservissement des cours, qu'en leur décernant pour grandeur toute celle d'un empire, pour félicité personnelle toute la félicité publique?

Sachons enfin porter nos vues à la hauteur des événemens qui nous entraînent, où nous sommes tous, et dans les sens divers, témoins et acteurs : voici la lutte générale, la lutte définitive des bons et des mauvais principes ; et j'ose déjà en proclamer le résultat (à mon âge on ne se flatte plus de voir ce qu'on peut prédire) : pareil à un autre prodigieux moyen du renouvellement des institutions par le renouvellement des idées dans le genre humain, le LIBÉRALISME (j'aime ce nom par sa belle analogie), le libéralisme ne subit aujourd'hui les persécutions qui fécondèrent le CHRISTIANISME naissant, que pour atteindre bientôt à ses triomphantes destinées, sous la faveur du ciel et les bénédictions de la terre. Au besoin, il fera la haute fortune d'un autre Constantin.

Lorsque toutes ces nations, qui se régénèrent par lui, honorent de leurs souvenirs, de leurs regrets, cet ouvrage, cette association de la *Minerve*, pour laquelle je suis frappé, pour laquelle, quoique le moindre en travaux et en renommée, *je paie pour tous*, me conviendrait-il de la laisser sans considération parmi nous? Lorsque plusieurs de ses membres méritent encore davantage sur un plus grand théâtre, puis-je les livrer au honteux succès d'une interdiction arbitraire dans leur premier apostolat, par le refus d'une défense qui leur est commune?

Ne dois-je pas encore plus aux débris maintenant dispersés dans les académies d'aujourd'hui, de ce grand corps de L'INSTITUT qui parut commencer la haute et vaste organisation, que les grandes nations, pour l'accomplissement de leurs nouvelles destinées, doivent aux sciences, aux lettres, aux arts, et qui entre, comme élément nécessaire, dans le système d'un régime représentatif, d'une monarchie constitutionnelle ; ne dois-je pas à un tel corps de lui conserver un de ses plus anciens membres dans toute sa bonne renommée?

Y aurait-il enfin quelque bon sens, quelque dignité à fléchir dans l'espèce de ma cause? Elle s'offre sous deux aspects.

Le premier gît en preuves. Ce dont on m'accuse était impossible en soi. Ce que j'ai fait réellement, restait licite, en vertu même de la loi par laquelle on me poursuit, et dont je m'autorise à mon tour. Telle est, dans cette partie, l'engagement de ma défense. Ici j'aurai besoin de toute l'attention qu'exige une démonstration rigoureuse; et je ne veux la solliciter, qu'en provoquant le sévère examen de ceux qui ne savent se rendre, que lorsqu'ils sont bien convaincus.

L'autre aspect de ma cause ne gît qu'en impressions. Je conçois que beaucoup de mes lecteurs, par des causes qu'on comprendra sans que je les explique, se refuseront à l'effet, ou du moins à l'aveu de mes preuves. Eh bien! malgré cette disposition ennemie, qui les enlève à leur propre justice, je ne les récuse pas, et je les adjure sur la déclaration de leur conscience; je les défie de ne pas se dire en eux-mêmes : si cet homme a fait ce qu'on lui reproche, c'est innocemment; il a cru, de bonne foi, la chose telle qu'il la déclare aujourd'hui.

Je nie l'erreur et je refuse toute grâce par l'intention. Mais la persuasion générale sur la pureté, la délicatesse de ma conduite, voilà ce que je préfère à tout; et ce que j'attends des antagonistes comme des zélateurs du parti auquel j'appartiens. Mes opinions, mes écrits, mes vœux, ma direction patriotique, j'abandonne tout cela à qui veut les réprouver, les calomnier, les détester, même les proscrire; je ne me réserve devant chacun que le vrai caractère de mes actions, que le vrai sens de mes paroles.

Dans ce nouveau cours des troubles et des dissensions, où nous a replongés la désastreuse défection de notre gouvernement à sa propre cause, nous conservons du moins des points de ralliement : les principes des honnêtes gens, les bienséances des âges et des positions, le besoin intérieur de son estime, le respect de soi-même devant le public : c'est

par ce vieux fond de la religion civile que nous fraterni-
sons encore ; et ces devoirs communs, plus précieux dans
le déchirement des autres liens, chacun se plaît toujours à
les retrouver en autrui, quand il les cultive comme son honneur personnel.

NOTIONS PRÉLIMINAIRES

Sur les Journaux et Écrits périodiques.

Je commence par quelques notions sur les *écrits périodiques,* qui me fourniront des principes et des exemples
applicables à ma cause.

Ce genre d'écrits est tout à la fois déjà ancien et encore
récent parmi nous, suivant les deux espèces dont il se compose. N'étant d'abord destinées qu'à la portion la plus éclai-
rée du public, ces productions ne se publiaient que par volume, et ne paraissaient que de mois en mois ou de semaine
en semaine : tels furent le *Journal des Savans,* le *Mercure
de France;* une périodicité fixe par le moyen d'un abonnement facile à contracter et à réaliser, fut leur signe distinc-
tif entre les autres entreprises littéraires.

Sur la fin du xviiie siècle, les goûts des hautes sociétés de
la capitale étaient impérieux; en 1778, autant qu'il me
souvient, elles manifestèrent celui de ces feuilles, dans lesquelles les sciences, les lettres, les arts, les observations sur
le cours des mœurs, ne reçoivent qu'une mention aussi ra-

pide et aussi légère que ces feuilles mêmes. Ce sont aujour-d'hui les événemens de la société tout entière qui en sont l'objet, qui font leur vogue; cet attrait, se communiquant à toutes les classes, est devenu un besoin universel. Cette pos-session est un signe et un moyen d'un plus vaste dévelop-pement dans la civilisation, d'une plus vive attention des peuples sur tout ce qui tient à leurs intérêts divers. Né en France de l'exemple du seul pays en Europe qui avait con-stitutionnellement une chose publique, ce nouveau genre d'écrits favorisait déjà en France une direction plus active à un régime de liberté. Le *Journal de Paris* en fut la première adoption dans la monarchie; et je me rappelle, pour en faire honneur à leur prévoyance, les sinistres prédictions des fidèles routiniers du vieux temps; ils disaient déjà ce qu'on n'a plus qu'à répéter. Mais leurs successeurs s'atta-quent maintenant à chose plus forte que leur sagacité : les remèdes sont mal appliqués, où la maladie même est deve-nue une habitude du corps; la bonne politique, comme la bonne médecine, laisse la vie dans les organes, en sauvant les perturbations, et, au besoin, elle sait du mal tirer le bien.

On n'aurait pas dû confondre, par une commune déno-mination, ces deux genres d'écrits très-différens dans la nature de leurs élémens et de leurs effets. Pour bien dé-mêler leurs caractères, il faut les prendre et les observer tels qu'un régime nouveau et un long cours de révolutions successives et contraires, nous les ont montrés et les ont faits.

Les journaux *quotidiens* vivent de tout ce qui peut inté-resser les masses diverses; ils disent au jour les choses de la veille; ils s'attachent à tous les événemens grands ou petits, faibles ou forts, tels que le cours social les leur fournit. Toujours fidèles à la mobilité, leur caractère essentiel, ils s'adressent plus aux passions qu'à la raison ; et je n'entends nullement leur en faire un reproche : que deviendrait la société, si les passions ne l'animaient? que serait la raison même, si elle ne communiquait avec les passions et n'en participait? elle serait toujours froide et stérile. Lus à la volée et par tous, ce qui peut émouvoir est ce qu'ils recherchent le plus, et même ce qu'on leur demande de préférence. La vérité, l'erreur, les bonnes, les mauvaises impulsions en reçoivent cette puissance, qui naît d'une rapide propagation. Ce sont des tribunes qui se portent dans tous les points d'un empire, et qui, sans la parole, font l'office de la parole; ils prennent les hommes isolément, mais les mettent en communauté de pensées et d'affections, parce qu'ils en offrent une toute faite à chacun. Par eux, on s'instruit de tout, sans assez apprendre; on redresse ou on égare son propre jugement; on est sous un continuel entraînement par l'exercice même du droit de tout connaître et de ne s'en rapporter qu'à soi-même.

Et cependant, avec de tels inconvéniens, rien n'est plus utile, plus nécessaire à un peuple libre et éclairé. Je n'en rappellerai pas ici les avantages. Ils font partie maintenant d'un système constitutionnel, et d'un ordre social qui tend à son amélioration.

J'aime mieux m'arrêter sur les moyens connus et éprouvés d'en atténuer les abus, les dangers.

On sait, par des exemples accumulés, qu'il en est des doctrines politiques, dans lesquelles se partagent les journaux, comme des cultes dans un état. Plus ils sont multipliés, plus leur guerre est douce et paisible. Plus ils jouissent de l'impartiale protection de la loi, plus ils la respectent et la font respecter. Ils font tomber tous les gouvernemens méchans et ineptes; cela ne peut se nier, parce que ces gouvernemens-là sont toujours en prise. Mais, par le besoin de se tenir en harmonie avec l'opinion publique, ils aident au succès d'un gouvernement juste, sage et éclairé, dont l'appui est dans l'opinion publique, qu'il concourt lui-même à former, et qu'il sait ramener, quand elle s'égare momentanément; ils le servent malgré même des intentions hostiles; il triomphe aisément des attaques injustes; il met à profit d'utiles contradictions; et comme il est inévitable qu'il ait parmi eux des ennemis, il n'est pas moins du cours de la chose qu'il y obtienne d'honorables amis, plus puissans pour lui en raison de l'indépendance qu'il leur laisse. Dans les premiers momens de leur liberté, ils ont peut-être une activité trop impétueuse; mais à la longue elle s'amortit; et ce qui tendait au trouble, ne concourt plus qu'à cette agitation tempérée, source de la vie politique, ressort nécessaire à toute administration forte et généreuse.

Enfin, et voici le pire résultat de la servitude des journaux: c'est que l'exercice de la presse étant lié aujourd'hui à toute l'action d'un gouvernement, lorsqu'il l'ôte au public, il se le donne exclusivement à lui-même; et il ne peut exaspérer par rien davantage les esprits que par cette domination qu'il veut s'attribuer sur le vrai et sur le faux, sur le bien et sur le mal : c'est ainsi que, dans nos révolutions, toute tyrannie a toujours commencé par une oppression de la presse; et que toute oppression de la presse, en retombant sur le gouvernement, a toujours donné à l'affranchissement la funeste virulence d'une réaction.

Au reste, les doctrines libérales posent elles-mêmes en principe, que les journaux doivent être contenus dans leurs bornes légitimes par la répression d'une loi tout ensemble sévère et indulgente, suivant l'espèce des écarts; mais jamais par une *censure préalable*, par une censure placée dans le gouvernement; et moins encore dans les temps de troubles et de factions qu'en tout autre. Ces temps sont ceux où il importe le plus que les humeurs du corps politique puissent s'exhaler au dehors, pour ne pas s'envenimer au dedans. Il est naturel d'être conduit à faire plus que se plaindre, lorsqu'on ne jouit plus du droit de se plaindre; il est ordinaire aussi, que dans la torpeur menaçante d'un public, qui ne sait ou ne veut encore se défendre que par les signes du mécontentement, les gouvernemens de compression, voulant la justifier à mesure qu'elle devient plus odieuse, se chargent eux-mêmes de fabriquer de ces complots au fond desquels on ne peut apercevoir que la patience qui dévore ses douleurs, et la vague espérance que la tyrannie s'épuisera par ses excès.

Sans remonter plus haut, comparez les deux dernières sessions, différemment menées, celle de 1819 à 1820, et celle de 1820 à 1821. Dans la première, quelle paix, quel ordre, quel renouvellement de prospérité et d'esprit public ! Dans la seconde, qui ne fait encore que s'ouvrir, tout se désordonne, tout s'exaspère ; le trouble est partout, la force nulle part ; et un gouvernement qui ne peut plus être éclairé, arrêté, ni servi, subit le joug d'une faction, en périssant par la désaffection publique : censure muette, qui laisse tout faire en s'irritant de tout ; force encore inobservée, dont l'instinct social a pourvu le corps contre la tête dans un jeu faux de leur dépendance commune ; sorte d'inertie qui tient tantôt de la prudence, tantôt de la lâcheté, mais toujours mine sourdement ce qu'elle n'attaque pas ; source d'un danger plus effrayant, en ce qu'il renferme une commotion universelle, une commotion inévitable, dont personne ne peut assigner ni l'époque, ni les moyens, ni les résultats. Je ne pose pas ici un système ; j'énonce une leçon de l'histoire.

L'autre espèce, dans ce genre d'écrits, se confond avec la première par la direction, mais s'en sépare par le degré comme par le mode de l'action ; ce sont ces écrits *périodiques,* qui ne paraissent que par volume, de mois en mois, de quinzaine en quinzaine ou de semaine en semaine.

Il n'appartient pas à ceux-ci d'être les trompettes de la renommée. Les événemens ont déjà passé, lorsqu'ils peuvent s'en emparer ; n'ayant pas à en donner la primeur, ils les attendent à leur maturité ; ils les résument, les discutent, les pèsent, les apprécient ; il les offrent plus à une fructueuse méditation qu'à l'avide curiosité. Il en est ainsi des

questions qui s'élèvent, des mouvemens qui sortent de l'é-
tat des choses et des esprits, de la critique des ouvrages qui
entrent dans la préoccupation publique , du blâme ou de la
louange des hommes qui remplissent les grands rôles sur
les grandes scènes. Où les uns n'ont besoin que d'avertir
l'attention, les autres ont besoin de la fixer. Où les uns, sûrs
des premiers effets , se dispensent du travail d'approfondir,
les autres ont à saisir des résultats qui signalent leur inves-
tigation. L'on pardonne aux uns les préventions , les injus-
tices, les légèretés ; on les tolère moins dans les autres. Ces
derniers ont aussi leurs passions sans doute ; mais elles sont
plus réfrénées : certaines convenances , que le public leur
impose, sont pour eux des leçons continuelles, qu'ils ne vio-
leraient qu'à leur propre détriment. On en exige d'autres
formes, d'autres mérites. Cela est si vrai, que l'ancien *Journal de Paris*, offrant la manière de voir et de dire de l'ancien *Mercure;* et ce dernier, procédant sur les mêmes objets comme la feuille quotidienne ; en détonant chacun
serait tombé, chacun, par la méconnaissance de leurs caractères respectifs.

Je ne prétends pas que ces deux genres d'écrits aient toujours marché sur la ligne de séparation que j'établis ; c'est
en tout qu'il y a des aberrations, qui tiennent aux temps
comme aux personnes. Mais je dis que telle est leur ten-
dance habituelle ; et sans craindre de rapprocher des objets
trop distans , j'ajouterai qu'il faut, dans l'empire de l'opinion et de la critique, un esprit qui modère après celui qui
agite ; et qu'il convient de fonder, dans la combinaison des
journaux, une sorte de *chambre haute,* qui revoie les dé-
bats d'une sorte de *chambre des communes.*

Une conséquence naturelle se présente ici : c'est que s'il
était jamais de justes motifs, de sages considérations pour
ôter ou suspendre la liberté dans la première de ces deux
espèces de journaux, ces motifs, ces considérations ne s'ap-
pliqueraient plus à l'autre.

Ne songez-vous qu'à prévenir une commotion trop violente? respectez une action moins active; atténuez le mal par le remède, sans tuer le malade; ne faites rien au-delà de votre but. Est-ce à toute la liberté de penser et d'écrire que vous en voulez? alors vous restez trop au-dessous de l'entreprise; étouffez par votre censure les brochures comme les journaux, les livres comme les journaux et les brochures. Ce n'est rien encore pour le but à atteindre : attaquez-vous à tous les magasins de librairie, à toutes les bibliothéques; ensevelissez tout cela sous les cendres; il y a là maintenant de quoi éclairer à jamais toutes les stupides prévarications des gouvernemens corrompus et corrupteurs.

La plupart de ces notions sont déjà vieilles dans nos théories; mais sans cesse violées dans nos pratiques, nous sommes condamnés à les reproduire à chaque occasion, afin qu'au moins la possession des bonnes règles se maintienne dans les gouvernés, à côté de l'obstination à les enfreindre par les gouvernans.

Qui le croirait? notre époque a offert elle-même un exemple de la politique dont j'explique l'à-propos; et le ministère actuel n'est pas encore assez renouvelé pour que je ne puisse, en ce point, comme on le fait journellement en tant d'autres, l'opposer à lui-même.

Les auteurs de la *Minerve* étaient précédemment les auteurs du vieux *Mercure* de France. Tout à coup il prend fantaisie à M. le ministre de la police, de qui les journaux relevaient alors, de nous faire savoir qu'y ayant mutation dans les auteurs, il fallait rénovation du privilége. Sans examiner ce qu'il y avait de vrai ou de faux dans cette prétention, nous avons conçu où cela allait; et, pour couper court à la difficulté, nous avons embrassé un autre système; et à un *Mercure* sous la *censure*, nous avons substitué une *Minerve* libre sous *la juridiction correctionnelle*. Ni les ministres, ni les procureurs du roi n'ont songé à nous poursuivre, à nous punir *par suite* et *connexité de la Minerve* qui s'affranchissait de la censure, avec le *Mercure,* qui se reconnaissait soumis à la censure. Cependant mêmes écrivains, mêmes doctrines, même imprimeur, même papier, mêmes souscripteurs. Une seule différence, mais capitale, celle de la liberté à la servitude : elle ne fut pas moins notable en autre point ; car, dans l'espace de six mois, le même ouvrage passa à peu près du nombre de onze cents souscripteurs à celui de onze mille.

Comment se fait-il que, dans le même cours de législation, sous un même régime d'exception, ce qui avait passé comme un fait licite n'ait pu se renouveler, avec des dissemblances absolues dans les formes et les caractères des entreprises, sans donner lieu à la poursuite la plus oppressive ? cela vaut bien la peine d'une explication. Mais elle ne peut encore venir ici.

<hr>

BASE DE L'ACCUSATION

Ou de la prévention.

« Si le fait est réputé n'être ni délit, ni contravention de
» police, le tribunal annullera l'instruction, la citation et
» tout ce qui aura suivi ; renverra le prévenu, et statuera sur
» les demandes en dommages et intérêts. *Art.* 191 *du Code*
» *de l'instruction criminelle.* »

Ce n'est pas sans une juste affection que j'ai pris ce texte de la loi, pour l'épigraphe de ce mémoire. En ouvrant le Code de l'*instruction criminelle,* où j'avais à étudier les règles sur l'espèce du procès qui m'était intenté, mes yeux sont tombés d'abord sur cet article. Il ne tiendrait qu'à moi de tirer de ce petit hasard, le plus heureux augure : car, jamais aucun article de loi n'a aussi exactement et aussi complétement dessiné toute une cause, tant pour le *préve-nu* que pour ses juges ; rien ne s'y trouve omis, jusqu'aux dommages-intérêts, dont le prononcé est un devoir, dans le cas d'une fausse prévention. Mais il s'agit, pour moi, d'établir victorieusement qu'il n'y a dans mon fait, *ni délit, ni contravention de police*. Le reste de l'exécution de la loi sera l'affaire du tribunal.

Je me permettrai de relever, dans la loi que j'invoque, ce qui m'y paraît une impropriété d'expression, que d'ailleurs le sens évident et nécessaire corrige suffisamment. Ce défaut, qui n'est jamais sans conséquence dans les lois, est rare dans celle-ci, en général bien rédigée. Mais il est bon de rectifier les mots partout où ils trahissent la pensée.

Les tribunaux n'ont pas à *réputer* tels ou tels caractères dans les faits, mais à constater ces caractères, à les reconnaître, à les déclarer authentiquement. On *répute* d'après des impressions qui peuvent être encore vagues et illusoires ; il faut des preuves absolues en justice, pour décider.

Il est cependant un cas où le mot *réputer* retrouve, à un certain point, son application réelle ; c'est lorsque le tribunal ne peut se décider que par l'absence des preuves nécessaires. Alors, faute des signes de la culpabilité, il *répute* innocente l'action inculpée ; mais c'est toujours reconnaître, constater, vérifier dans l'objet de l'examen ; avec cette différence, qu'où il y a preuve, la déclaration est affirmative ; qu'elle est négative où manquent les preuves. Quant à moi, je me plais à demander que tout ce que je vais énoncer soit plutôt *reconnu* que *réputé* incontestable.

Ce n'est pas ici que je placerai mes justifications ou plutôt mes explications sur ma *librairie*, non plus que sur ma précédente charge d'*éditeur responsable* de la Minerve. Je ne considère ici ma *librairie* que comme un établissement de commerce, une entreprise littéraire, d'un système nouveau. Le plan en était tracé en tête d'une brochure que je publiais comme le premier *échantillon;* j'adopte ce mot mercantile, comme tenant essentiellement à la chose, sous son point de vue matériel, qui est ici le point de vue judiciaire.

Il importe au lecteur d'avoir sous les yeux, même la configuration des titres du *prospectus*, en forme de dialogue, où je me produis en personne, pour dire à la fois, et ce qui a fini et ce qui va succéder sous ma *responsabilité.*

LIBRAIRIE

De LACRETELLE aîné, et comp^{ie}, rue Dauphine, n°20.

On trouvera à la librairie de M. Lacretelle, ancien éditeur responsable de la *Minerve française,* les divers ouvrages politiques et littéraires de MM. AIGNAN, Benjamin CONSTANT, Évariste DUMOULIN, ÉTIENNE, A. JAY, E. JOUY, LACRETELLE aîné, P.-F. TISSOT et J.-P. PAGÈS.

LETTRES

SUR LA SITUATION

DE LA FRANCE.

PRIX : 2 f. 25 c.

PARIS.

IMPRIMERIE DE PLASSAN, RUE DE VAUGIRARD, N° 15.

Avril 1820.

TABLE DES MATIÈRES

Sous presse, pour paraître incessamment, *le Glaneur*, brochure.

SUR LA LIBRAIRIE

De Lacretelle aîné et compagnie.

A. — Savez-vous le bruit nouveau qui court de vous? Cette fois, vous n'êtes pas arrêté, de l'autorité du *Drapeau Blanc;* mais vous êtes décoré du titre de *libraire.*

L. — Je suis déjà nanti de la *patente* et du *magasin.*

A. — Faites-moi grâce d'une mauvaise plaisanterie.

L. — Et vous, ne me supposez pas une mauvaise honte.

A. — Eh bien donc, je vous demande sérieusement d'où vient et où va cette sérieuse bizarrerie?

L. — Continuez à m'interroger, et je continuerai à vous répondre.

A. — N'aviez-vous pas assez de votre qualité d'*éditeur responsable de la Minerve?*

L. — Cette qualité-là, je viens de l'abdiquer.

A. — Je commence à vous entendre. *Votre Minerve* ne veut pas se soumettre à la censure?

L. — Nous avons cru devoir ce sacrifice à la loi, au public, à nous-mêmes.

A. — Comment à la loi? Il me semble qu'elle vous demande votre obéissance et non votre retraite?

L. — Aussi nous ne faisons qu'interrompre notre *Minerve.* Quand la loi reviendra, elle ramènera la *Minerve.*

A. — Certes, la loi n'a pas à revenir, puisqu'elle est là pour vous *bâillonner* au besoin, comme vous l'avez tous dit, et comme vos *seigneurs et maîtres* ne l'ont pas trop dissimulé.

L. — Voici la différence de notre langage. Vous parlez

d'un certain acte législatif, tout récent, légal de forme, nul
de droit, mais qui a, sans contredit, toute force d'exécution.
Et moi, je parle de la charte, qui autorisait bien toute répression sur des écrits publiés, mais qui interdisait à des
pouvoirs nés d'elle ou fondés sur elle, toute censure *pré-
ventive* ou *préalable*.

A. — Telle n'est point la doctrine des deux côtés.

L. — Oui, il y a d'un côté des hommes qui entendent se
placer *sur la nation*, la soumettre à leurs plans, à leurs
intérêts, se la donner à discrétion ; et de l'autre, des hommes qui ne savent que *rester dans la nation*, pour ne lui
reconnaître d'autre arbitre que ses droits limités par ses devoirs, d'autre frein que le frein salutaire des lois. J'appelle
ceux-ci les fidèles, les *légitimes*, si vous voulez. J'appelle
les autres les prévaricateurs, les *usurpateurs*, si vous l'ai-
mez mieux. S'ils se permettent de faire tout ce qui leur convient, je puis me permettre de dire tout ce que je pense et
contre eux et sur eux. N'importe où soit ici la majorité ou
la minorité de deux corps constitués ; tout dépend du caractère que la constitution donne ou refuse à un acte législatif.

A. — Vous n'avez pas besoin d'ajouter que tel est aussi
le principe de vos amis : ils l'ont assez prouvé. Cependant
je ne pense pas que le public vous eût su mauvais gré d'a-
voir cédé, ainsi que les écrits quotidiens, à une force majeure.

L. — Les écrits vraiment périodiques sont dans une position, qui leur fait excuse et devoir. Pour nous, le public ne
nous a connus que libres sous la loi, et il ne nous veut pas
esclaves de l'arbitraire......

A. — Mais si la censure se montrait tolérable ?

L. — Ce ne serait que pour attacher à son joug ; et le joug
qui se dissimule est plus dangereux à accepter, que celui
qui pèse d'abord de tout son poids.

A. — Je vois bien que vous allez substituer des brochures
successives à des livraisons plus ou moins périodiques.

L. — Vous vous trompez : je suis libraire. Des gens de

lettres me fournissent des ouvrages divers, en littérature, en philosophie, en politique surtout; car mon métier est de me conformer au goût et au besoin actuels du public. Je publie déjà les uns; j'en annonce d'autres qui me sont promis, et dont les plus avancés sont déjà sous presse. Je vends tout cela en masse ou en détail, pour le compte de mes auteurs et le mien, suivant nos conventions. Je fais aussi mes prix et mes marchés, tantôt ne livrant que les écrits présens, tantôt m'obligeant à en fournir de prochains, le tout suivant les lois et les usages du commerce.

Si, du reste, vous voulez vous rassurer sur mon intelligence en librairie, vous pouvez supposer que j'ai pris de sûres précautions; et si j'émets des billets sur la place, je vous avertis qu'ils se trouveront toujours payés d'avance; ce sera la petite singularité de mon négoce.

A. — C'est fort bien. Mais oubliez-vous qu'il y a encore une certaine loi de *la liberté individuelle* avec laquelle on peut se faire raison des personnes, quand les écrits ont échappé aux entraves?

L. — Croyez-vous que nous n'y ayons pas pensé? Eh bien, nous avons encore reconnu là un défaut dans la cuirasse.

A. — Expliquez-vous.

L. — La loi a précisément omis d'interdire aux *suspects* les plumes, l'encre et le papier : or, Mirabeau avait écrit son livre des *Lettres de cachet* dans le donjon de Vincennes; et cet exemple tente un généreux courage.

A. — Monsieur le libraire de fraîche date, vous m'avez permis de vous faire toute espèce de questions. Quel âge avez-vous, s'il vous plaît?

L. — J'entre dans ma soixante-dixième année.

A. — Et votre vieux sang ne se refuse pas à ces inspirations enthousiastes?

L. — A-t-on besoin d'enthousiasme pour ne pas reculer dans la simple carrière du bon citoyen? J'ai encore un modèle plus sacré dans le cœur.

A. — Je crois deviner ici un ami et un élève de notre vénérable Malesherbes.

L. — C'est à mon âge, qu'en contemplant un échafaud pour lui-même, il s'est dévoué à la cause de son roi, qui était aussi celle de la patrie.

Pourquoi la perspective d'une prison possible me ferait-elle supprimer des vérités, que j'ai professées toute ma vie? Le temps où je vis encore, si riche de beaux talens, n'a nul besoin de mes faibles efforts. Mais voici des événemens où tout honnête homme doit parler, quand ce ne serait que pour l'acquit de sa conscience et pour s'associer à d'honorables dangers. Je m'étais renfermé dans la révision de mes ouvrages dans plusieurs carrières, tant publiés qu'inédits; mais je veux, avant tout, rassembler toutes mes pensées sur la crise actuelle : ce sera mon dernier tribut. Je me permettrai d'y faire parler un grand homme, dont je puis invoquer l'âme et le génie par la confidence de toutes ses idées et de tous ses sentimens.

A. — Eh bien, vous assumerez sur vous seul la double responsabilité d'un auteur et d'un libraire; et je vois bien que ce sera une satisfaction de plus pour vous. Pouvez-vous me donner une idée de cet écrit que vous annoncez, par le titre seulement?

L. — *L'Ombre de Malesherbes en* 1820.

J'ai à demander qu'on veuille bien ne pas oublier les diverses déclarations expresses que je fais dans cet écrit. Je les rappellerai dans l'occasion; mais j'avertis que toute l'attention doit se fixer sur ces lignes-ci :

Je suis libraire : des gens de lettres me fournissent des ouvrages divers en littérature, en philosophie, en politique surtout; car mon métier est de me conformer au goût et au besoin actuels du public. Je publie déjà les uns; j'en annonce d'autres qui me sont promis, et dont les plus avancés sont déjà sous presse. Je vends tout cela en masse ou en détail, pour le compte de mes auteurs et le mien, suivant nos conventions. Je fais aussi mes prix et mes marchés, tantôt ne livrant que les écrits présens, tantôt m'obligeant à en fournir de prochains, le tout suivant les lois et les usages du commerce.

Puisque je suis un *prévenu*, traduit devant la justice correctionnelle, et contre lequel il y a déjà un jugement par défaut d'amende et d'emprisonnement, pour entrer dans la connaissance de l'affaire, il faut d'abord se saisir du corps du délit; et le voilà.

Avant d'aller plus loin, avant de rapprocher du fait incriminé l'acte législatif par lequel on l'a atteint et frappé, je prie chacun de s'interroger sur le fait en lui-même. Chacun savait ce qu'était matériellement *la Minerve*; chacun sait de plus ce qu'est matériellement un *journal* de l'une ou l'autre espèce. Je dis *matériellement*, parce que le fond d'un crime et délit ne peut être qu'une chose physique, un corps sensible et palpable. J'aurai à revenir sur cette idée, pour en tirer d'autres déductions. Elle est si généralement admise, que je puis d'avance l'employer, dès cette ouverture de mon argumentation judiciaire. Je demande donc si qui que ce soit, en y réfléchissant bien, peut reconnaître dans le programme qu'il vient de lire, ou le matériel d'une *Minerve* continuée, ou le matériel d'un autre ouvrage, qui serait aussi identiquement un *journal ?*

Une pareille confusion tombe si peu sous le sens, qu'au premier éclat du procès que je subis, je ne rencontrais personne qui ne me dît : Comment avez-vous pu imaginer qu'on vous laisserait aller, avec tout ce système d'*écrits, ou d'ouvrages faits ou à faire ?* Ce n'est plus la *Minerve ;* c'est pis pour les ministres et la faction à qui ils se sont donnés. Or, avez-vous pu vous figurer, qu'avec les auteurs de la *Minerve* particulièrement, on procéderait par la raison, par la justice, par le respect des droits constitutionnels?

A cela je ne pouvais que répondre : Que voulez-vous ? Rien de bête souvent comme des gens d'esprit. Il y en a certainement, et plus d'un, dans notre société. Eh bien! tous s'étaient mis dans la tête, non moins que moi, qu'à force de soins et de sacrifices, pour briser toute la machine de cette pauvre *Minerve*, déjà vieille de deux ans, et pour monter une autre machine bien différente, toute neuve, singulière même dans son espèce, nous parviendrons à voguer sans encombrer sur cette mer inconnue ; et que, nous étant ménagé de toutes parts le silence des lois, puisqu'on appelle lois toutes les compressions du droit de penser et d'écrire, celles-ci même ne pourraient nous ôter les libertés qu'elles laissaient aux autres écrivains.

La confusion dont je parle est si bizarre, qu'aujourd'hui encore, après dix mois révolus de ce procès, qui a marché à la fois dans tant de départemens, personne ne peut encore comprendre de quoi il est question, de quels élémens se compose cette attaque judiciaire.

Je dois la développer textuellement.

SYSTÈME

De la loi du 31 mars 1820 sur les Journaux et Écrits périodiques.

Toutes les procédures partent de ce qu'on appelle la loi, et de ce que j'appelle l'*acte législatif* du 31 mars 1820. Il faut qu'on l'ait sous les yeux, pour suivre les conséquences que je vais en tirer, et reconnaître toutes les fausses applications qu'on en a faites à ma cause, et d'où résultent les nullités radicales, dont j'arguë les procédures et les jugemens.

Loi du 31 mars 1820.

Art. Ier. « La libre publication des journaux et écrits pé-
» riodiques, consacrés en tout ou en partie aux nouvelles et
» aux matières politiques, paraissant soit à jour fixe, soit ir-
» régulièrement et par livraison, est suspendue temporaire-
» ment jusqu'au terme ci-après fixé.

Art. II. » Aucun desdits journaux et écrits périodiques
» ne pourra être publié qu'avec l'autorisation du roi.

» Toutefois, les journaux et écrits périodiques actuelle-
» ment existans continueront de paraître, en se conformant
» aux dispositions de la présente loi.

Art. III. » L'autorisation exigée par l'article précédent
» ne pourra être accordée qu'à ceux qui justifieront s'être
» conformés aux conditions prescrites à l'article 1er de la
» loi du 9 juin 1819.

Art. IV. » Avant la publication de toute feuille ou livrai-
» son, le manuscrit devra être soumis par le propriétaire
» ou l'éditeur responsable, à un examen préalable.

Art. V. » Tout propriétaire ou éditeur responsable qui
» aurait fait imprimer et distribuer une feuille ou une livrai-
» son d'un journal ou écrit périodique sans l'avoir commu-
» niquée au censeur avant l'impression, ou qui aurait inséré
» dans une desdites feuilles ou livraisons un article non
» communiqué ou non approuvé, sera puni correction-
» nellement d'un emprisonnement d'un mois à six mois, et
» d'une amende de 200 francs à 1200 francs, sans préjudi-
» ce des poursuites auxquelles pourrait donner lieu le con-
» tenu de ces feuilles, livraisons et articles.

Art. VI. » Lorsqu'un propriétaire ou éditeur responsa-
» ble sera poursuivi en vertu de l'article précédent, le gou-
» vernement pourra prononcer la suspension du journal ou
» écrit périodique jusqu'au jugement.

Art. VII. » Sur le vu du jugement de condamnation, le
» gouvernement pourra prolonger, pour un terme qui n'ex-
» cédera pas six mois, la suspension dudit journal ou écrit
» périodique. En cas de récidive, il pourra en prononcer
» définitivement la suspension.

Art. VIII. » Nul dessin imprimé, gravé ou lithographié,
» ne pourra être publié, exposé, distribué ou mis en vente
» sans l'autorisation préalable du gouvernement.

» Ceux qui contreviendraient à cette disposition, seront
» punis des peines portées en l'article 5 de la présente loi.

Art. IX. » Les dispositions des lois du 17 mai, du 26
» mai et du 9 juin 1819, auxquelles il n'est point dérogé par
» les articles ci-dessus, continueront à être exécutées.

Art. X. » La présente loi cessera de plein droit d'avoir
» son effet à la fin de la session de 1820. »

Remarquez d'abord le caractère tout spécial de cette loi :
elle s'est circonscrite son enceinte à elle-même ; elle n'opère
et ne veut opérer que sur *la publication des journaux et
écrits périodiques;* au-delà ou ailleurs elle ne s'est pas donné
de juridiction, elle est sans prise.

Aussi, à l'article 5, celui où elle établit la peine correctionnelle à double partie, savoir, une amende à déterminer
dans une quotité variable, et un emprisonnement variable
aussi dans la durée, peine qui est son moyen d'exécution,
elle ne parle que des *propriétaires et éditeurs responsables
d'un journal ou écrit périodique.* Elle ne voit, elle ne prend
que là ses justiciables. Tous autres écrivains ou entrepre-
neurs d'ouvrages imprimés sont abandonnés aux autres lois;
et les autres lois, comme on sait, ont épuisé la matière des
répressions.

Pour tomber sous l'action de cette loi, il faut donc s'être
déclaré, se reconnaître soi-même *propriétaire ou éditeur
d'un journal ou écrit périodique;* de même que pour être

soumis à la police des imprimeurs et pharmaciens, il faut patentament exercer ces professions.

J'accepte néanmoins le cas où l'on publierait, sans en convenir, un vrai *journal,* tel que la loi le définit : c'est un second aspect de cette affaire, où je n'aurai pas de moindres avantages.

L'article 2 dit : « les journaux et écrits périodiques ac- » tuellement existans *continueront* de paraître, en se con- » formant aux dispositions de la présente loi. »

Voici encore un vice d'expression ; il faudrait : *sont autorisés à paraître. Continueront* paraît un ordre, tandis que ce n'est qu'une faveur, telle qu'une pareille loi peut en faire.

Le sens réel est fixé par le 1er article de l'ordonnance royale du lendemain 1er avril, sur l'exécution de la loi. Un délai de *cinq jours* y est accordé aux journaux existans pour déclarer *s'ils entendent profiter de l'autorisation de l'article 2 de la loi.*

Vous voyez ce qui résulte de cette disposition. La loi, en imposant une cruelle charge, celle de la censure, concède ou du moins feint de concéder un avantage, celui de pouvoir continuer des entreprises formées sous l'affranchissement de la loi préexistante. La charge et l'avantage sont indivisibles. Qui veut continuer un journal accepte par cela même la censure. Qui ne déclare pas se soumettre à la censure, renonce par-là même à tous les bénéfices attachés aux formes constitutives d'un *journal et écrit périodique.* Mais assurément il ne tombe point par-là dans l'interdiction de publier toute autre espèce d'écrits qu'*un journal;* la loi ne dit pas cela ; et nulle restriction au droit commun ne peut sortir que d'une loi.

Si donc un propriétaire de journal n'a pas fait sa déclaration de la volonté de le continuer ; et que cependant il publie d'autres écrits, il est clair qu'il a au moins la prétention de s'être placé en dehors de l'enceinte où tout se règle par la loi du 31 mars. Ce sera erreur, ce sera fraude, si vous voulez. Mais il faut d'abord l'en convaincre ; il faut le faire rentrer sous cette loi, avant de pouvoir la lui appliquer ; car par son but, son esprit, tout son contexte, elle n'opère qu'entre ceux qui, pour ne pas perdre le bénéfice, ont accepté la charge.

Cela est si évident que dans ces deux espèces de délits, la question préliminaire sur le corps du délit est tout-à-fait différente. Dans la première, telle de vos feuilles, telle portion d'une seule feuille a-t-elle été soustraite à la censure, ou rétablie par vous, malgré la radiation ? Est-ce par inadvertance ou de dessein délibéré ? Est-ce par votre faute ou celle d'un autre ? Avez-vous à répondre ou non du fait tel qu'il est ? Voilà les questions ; et elles ne sont que des modifications dans le corps du délit. Dans l'autre espèce, c'est-à-dire, la non déclaration d'accepter la censure, vous avez de tout autres points, de tout autres faits à examiner : l'écrit ou les écrits que vous poursuivez ont-ils ou non les caractères *d'un journal,* d'après la loi et suivant la loi ? quels sont précisément les caractères qui assimilent ou séparent ? là le corps du délit reste incertain, jusqu'à la preuve faite et déclarée judiciairement.

On ne transporte pas une disposition des lois d'un objet à un autre, sans s'exposer à enfreindre les principes éternels dans la distribution de la justice. Par exemple, si j'ai, par ma spéculation et pour mes intérêts, accepté la censure, j'ai connu d'avance les peines ou je m'exposais ; j'y ai souscrit d'avance. Je savais aussi tout le soin que je m'imposais pour m'y soustraire. Si, au contraire, j'ai voulu racheter ma liberté par le sacrifice de mes intérêts ; et que, ne démêlant pas bien ce que vous voulez que soit un *journal,* j'aie fait une méprise à cet égard ; cette méprise n'étant point un délit spécifié antérieurement, et n'ayant point une peine fixée, vous ne pouvez sévir ici comme pour une *contravention* formelle. Autre fait, autre décision.

En un mot, la loi du 3 mars embrasse deux objets : l'un, les journaux qui se sont reconnus tels par leur déclaration ;

l'autre, les écrits qui pourraient être qualifiés *journaux,* et qui paraîtraient *sans une autorisation préalable.*

Dans le premier cas, elle offre une gradation de peines, qui se varie, à l'arbitrage du juge, en amendes de 200 fr. à 1200 fr. ; et en mois d'emprisonnement d'un à six. Dans le second, elle n'établit, ne spécifie aucune peine.

Que fera donc le juge ? où la loi ne dit rien, peut-il parler ? où elle fait grâce par son silence, peut-il faire rigueur par son prononcé ? où enfin, appliquera-t-il à un cas différent ce qui est réservé et approprié à une autre espèce ? a-t-il plus le droit de déplacer les peines que celui de les suppléer ?

Ces difficultés-là méritaient bien de préoccuper la religion de mes juges. On va voir que, dans tous ces tribunaux qui se sont saisis de ma cause, pas un ne les a même aperçues, ou n'a daigné les prendre en considération.

Première nullité radicale, commune à toutes les procédures.

Fausse application de la loi du 31 mars au fait inculpé.

Point de contravention judiciairement prouvée sans une loi qui l'ait déterminée, sans une action constatée à laquelle la loi s'applique, sans une personne relevant de la loi, qui soit le coupable.

Ici, il y a bien une loi ; mais non une chose soumise à la loi, ni une personne que la loi puisse atteindre.

Les auteurs de la *Minerve* n'avaient point fait leur déclaration, qu'ils entendaient continuer cet ouvrage périodique.

(34)

Dès lors il n'existe plus légalement ; il ne peut plus paraître, même avec la censure.

Si un écrit que vous croyez destiné à le reproduire est publié, votre office est de le poursuivre ; mais comme en violation de la prohibition de *journaux sans autorisation,* et non par application des peines énoncées pour les ouvrages soumis d'avance à la censure. Vous ne pouvez qu'arrêter l'ouvrage, jusqu'à ce que le propriétaire se soit pourvu d'une *autorisation.*

Je dis le propriétaire, et non *l'éditeur responsable;* car il n'y a *d'éditeur responsable* que dans un *écrit périodique,* légalement établi. Cette qualité est sans cesse mentionnée dans l'acte législatif du 31 mars. Mais l'invention en remonte à la loi antérieure du 19 juin 1819.

Art. 1ᵉʳ. Les propriétaires de tout journal seront tenus de faire une déclaration du nom d'un propriétaire ou éditeur responsable, sa demeure, etc. Diverses obligations, inutiles à rappeler ici, sont ensuite imposées à cet *éditeur responsable.*

Puisqu'il n'y avait plus de *Minerve,* faute d'avoir réclamé la continuation, c'est donc un autre journal *sans autorisation,* que vous attaquez. Or, les auteurs ou propriétaires de ce prétendu nouveau journal ne m'ont pas présenté et fait agréer comme leur *éditeur responsable;* et je n'ai souscrit à rien à cet égard.

Que me voulez-vous donc, lorsque vous me prenez isolément, moi, Lacretelle ? Est-ce comme ci-devant *éditeur responsable de la Minerve?* cela est absurde. Où la chose même a fini, personne n'a plus à en répondre. Est-ce comme *l'éditeur libraire* de certaines brochures, où il vous plaît de retrouver *la Minerve?* à la bonne heure. Mais procédez contre moi comme contre un *libraire éditeur;* et ne venez pas m'appliquer des peines qui ne peuvent tomber que sur des *propriétaires ou éditeurs* des journaux légalement établis ; et préliminairement faites juger que les écrits en question sont réellement un *journal.*

Il est certain que, malgré la cessation de l'ouvrage *Minerve*, malgré ma répudiation formelle de la qualité *d'éditeur responsable* et mon adoption publique d'un autre titre, vous ne cherchez en moi que l'homme qu'il vous faut, pour infliger une *amende* et un *emprisonnement*. J'en ai la preuve, et dans toutes les expressions de vos procédures, et dans le système de votre condamnation, où, sans le préalable d'un fait à vérifier, savoir si mes brochures sont matériellement un journal, vous décidez seulement qu'elles sont *suite et connexion à la Minerve*; ce qui peut être vrai dans un sens et ne l'être pas dans un autre; et ce qui en soi n'offre ni *délit* ni *contravention*.

Seconde nullité subsidiaire dans la procédure du tribunal de la Seine.

Persistance dans l'accusation, sans jugement préalable sur la dénégation du fait inculpé.

J'ose dire qu'il y a une lacune funeste dans le code de *l'instruction criminelle*. Il devrait y être statué que, lorsqu'il est articulé par le *prévenu* ou l'accusé un fait de nature à faire tomber l'accusation ou à la déplacer par un autre genre de poursuite, le juge sera tenu, avant de pouvoir passer outre, de procéder, en recevant sur ce point toutes les preuves, à la vérification de ce fait. Ce n'est pas assez que cette sage conduite lui soit prescrite par le simple bon sens et par tout le système de l'ordre judiciaire. Il faudrait qu'il eût ici un mandat exprès et impératif. La cause d'un inculpé ne peut être trop sauvée des erreurs, des méprises, des coupables motifs peut-être d'une poursuite, qui peut prolonger, faute d'y regarder d'abord, toutes les rigueurs, les cruautés, les désastres d'une situation à laquelle la société entière doit compatir, puisqu'elle menace chacun de ses membres.

C'est ainsi que, même en matière civile, la loi veut que toutes les *demandes incidentes* soient discutées et décidées avant tout, quand elles peuvent altérer le fond du procès.

C'est encore dans cet esprit que le code d'*instruction criminelle*, et la loi spéciale du 26 mai 1819, sur la *poursuite des délits par la presse,* veulent également, que la dénonciation et la saisie provisoire du livre soient, dans les trois jours, notifiées au prévenu ou à l'accusé ; qu'en vertu d'un *mandat de comparaître,* ou *d'un mandat d'amener,* suivant les cas, il soit interrogé dans les dix jours qui suivent ; et que dans cet état, la procédure soit rapportée à la *chambre du conseil,* pour ordonner, pour ou contre l'accusé, ce qui doit s'ensuivre.

Je n'ai rien à reprocher à la procédure, quant à ces formalités protectrices.

J'ai reçu un *mandat de comparaître* devant un magistrat délégué à cet effet.

L'interrogatoire est une conférence du juge avec le prévenu, où tous les avantages sont pour le juge. Il est en général un assaillant plus instruit, plus exercé ; il attaque de droit ; on est condamné avec lui à la seule défensive ; il a la sécurité du pouvoir contre les alarmes naturelles dans une main mise sur votre personne ; il a pu préparer ses questions ; vous êtes tenu de répondre à ce que vous n'avez pu prévoir, et sans les lumières et le sens plus calme d'un défenseur. Malheur, dans cette situation, à celui qui ne trouve pas ses ressources dans la pure vérité, dont la meilleure défense n'est pas dans la candeur de ses explications ! C'est le moment de la procédure où la vindicte publique est le plus hostile. Mais cela est juste, cela est sage ; et on regardera toujours comme favorable à l'innocent, une marche qui lui permet de se produire tout de suite tel qu'il est ; et qui le fait toucher à sa délivrance, dès l'origine de son danger.

Rien ne doit fournir une base plus importante, plus précieuse à la religion du magistrat. C'est là où il peut puiser tout de suite la satisfaction d'avoir à manifester, que l'absence d'un coupable atteste la fausse supposition d'un crime ou d'un délit.

J'ai répondu à un long interrogatoire. Il dépose, avant ma défense même, de tout ce que mes premières pensées m'avaient fourni pour préserver un tribunal de la direction illégale qu'il donnait à sa procédure, de la persécution vraiment insensée où il s'abandonnait. On y trouve, avec du plus ou du moins, le fond de ce qu'on vient de lire. Tout s'y réduit à ces notions précises.

Il n'y a plus de *Minerve*, faute d'une déclaration de la continuer ; il n'y a plus d'*éditeur responsable* d'un ouvrage qui a fini. Il y a d'autres écrits, n'importe quels en soient les doctrines et les caractères ; d'autres écrits sous une autre forme, et par une autre espèce d'émission. Vous ne pouvez les incriminer par des contraventions propres aux journaux, déclarés tels par leur propre aveu. Recherchez mes brochures ; poursuivez-les par toutes les voies possibles, excepté celle-ci. Voilà ce que j'ai à demander immédiatement, ce que vous avez à statuer immédiatement.

Si tout acte judiciaire, qui n'a pas son titre dans la loi, est radicalement nul, toute continuation de procédure, lorsque l'erreur du premier acte est représentée, et qu'elle est constatée par les éclaircissemens fournis sur le fait, est une nullité plus formelle encore, et surtout plus criante, en ce qu'elle participe plus d'une volonté obstinée que d'une simple erreur ; et parce que cette décision en connaissance de cause, doit entraîner des souffrances, des préjudices, que le magistrat avait non-seulement le pouvoir, mais le devoir de prévenir.

Je supplie qu'on veuille bien faire attention que je n'écarte de mon fait la loi du 31 mars, que dans le sens et les effets où elle ne pouvait évidemment s'y appliquer. On pouvait soutenir que le plan de mes brochures *faites* ou *à faire*, était un autre *journal*, émis, non plus par le ci-devant éditeur de la *Minerve*, mais par le nouveau *libraire Lacretelle aîné*. A l'examen, cela ne se fût pas trouvé moins erroné, mais cela pouvait certainement être soumis à un examen.

Alors le fait changeait absolument de nature, et par conséquent de marche dans la poursuite. Ici la loi permet bien une *saisie préalable;* mais elle ne porte pas de peine; soit ou non que cette hypothèse, à laquelle elle pourvoit bien réellement, ait échappé ou non à sa prévision.

Et ce sens s'accorde avec les vues d'équité, les seules qu'on puisse admettre dans toutes les lois, sans en retrancher celles d'*exception*.

Effectivement, je puis avoir conçu mon entreprise, de manière qu'en l'appréciant judiciairement, on la puisse constater un vrai journal; mais aussi de manière, que le juge soit forcé de s'avouer à lui-même, que je m'étais trompé de bonne foi aux caractères de la chose. Alors le juge aurait à me dire : Vous faites réellement, d'après la loi, un *journal;* et je vous soumets à tout ce qui est prescrit aux journaux. Mais, d'après les circonstances, je vous trouve innocent ou excusable par l'intention. Désormais entendez mieux votre affaire, sinon la rigueur s'accroîtrait envers vous de l'indulgence dont j'use aujourd'hui.

Il pouvait se faire encore, qu'avec quelque chose de plus ou de moins dans mon entreprise, elle n'offrît plus ni fond ni figure d'un *journal;* et qu'en me résignant à ce plus ou à ce moins qu'on me fixerait , il n'y eût plus qu'à me laisser dans la liberté commune à toutes les productions non périodiques.

Si je n'avais à prétendre qu'à une justification, je ne crains pas d'assurer que ces causes atténuantes se rencontreraient au plus haut degré dans ma conduite. Je sortais de toute recherche, de toute suspicion, dès l'origine, si on ne m'eût pas refusé droit et justice sur les réclamations exprimées dans mon interrogatoire.

Je ne laisserai pas sans une complète réfutation cette supposition d'un autre journal substitué à la *Minerve*. Je veux être ingénieux à aller au-devant de tous les modes de poursuites légalement possibles. J'entends ne triompher qu'après avoir instruit moi-même mon procès sous tous les points de vue. Je réserve donc celui-ci, qui me fournira une nullité de plus à développer.

Troisième nullité particulière aux procédures et jugemens par les tribunaux des départemens.

Incompétence de ces procédures et jugemens.

Toutes ces opérations judiciaires, faites à la provocation de M. le garde-des-sceaux, lui ont été adressées; et elles ont été renvoyées par lui au tribunal de la *Seine*, pour être jointes à la procédure de ce tribunal. Elles font donc partie de ce procès dans l'état où il se trouve. Je ne vois pas ce qu'elles peuvent y ajouter ou y diminuer. Cependant il s'en faut de beaucoup qu'elles soient sans conséquence pour moi.

Premièrement. Lorsqu'on succombe en matière criminelle, c'est-à-dire, lorsqu'on n'est pas pleinement *renvoyé* de l'accusation, on est toujours au moins *condamné aux frais du procès*. Il serait donc possible que, par la juste application ou par une fausse extension de la règle, j'eusse à supporter les dépens de toutes ces informations sur un seul fait.

Deuxièmement. Qui me garantit que parmi toutes ces personnes qui ont reçu des *mandats de comparution*, qui ont eu des témoins à faire entendre à leur décharge, des dépenses quelconques à supporter, il ne s'en trouvera pas, ou qu'on n'en suscitera pas, qui voudront s'en prendre à moi comme à celui qui leur avait adressé à leur insu les funestes brochures, et faire tomber sur moi ces petites avanies ?

Enfin il ne serait pas impossible que le temps ou quelques circonstances me missent dans la nécessité d'attaquer spécialement quelques-uns de ces jugemens; ils peuvent me porter des préjudices quelconques.

Sous tous ces aspects, il m'importe donc de les apprécier dans ce Mémoire, d'en faire un objet de mes réclamations.

D'ailleurs rien ne décèle davantage l'acharnement d'une persécution politique, que cette action simultanée de toutes les *justices correctionnelles* de France. J'aurai à en dévoiler les causes, et je puis déjà les signaler par leur système et leur marche. Partout où les lois sont tournées à l'oppression d'un seul citoyen, tous sont menacés. Partout où éclate un écart dans l'administration de la justice, il y a trouble dans tout l'ordre civil. Ma cause est ici celle du public même, plus qu'elle ne le paraît d'abord.

Heureusement je n'aurai qu'un regard à porter sur tous ces jugemens départementaux; ils ne disent rien, ne prouvent rien que la passion qui les a inspirés. Préparés comme par un concert, ils rentrent les uns dans les autres ; ils participent tous de la nullité radicale, que je viens de développer dans la procédure de Paris; et en outre ils sont tous viciés par une incompétence si choquante, qu'on ne peut l'expliquer par les causes ordinaires.

Le bon sens de mes lecteurs, qui se frappe plutôt des monstruosités qui l'effraient, que des illégalités dont il voudrait éviter l'ennuyeuse démonstration, me prévient ici par diverses questions :

Est-ce qu'une condamnation sur un livre ne suffit pas à sa punition ? est-ce qu'un jugement n'opère pas dans toute la France. Lorsqu'un tribunal s'est déjà saisi de la poursuite d'un fait, est-ce que les autres peuvent aussi s'en emparer simultanément ? est-ce qu'un accusé est obligé d'aller ainsi *comparaître* partout, pour recevoir en chaque lieu, ou la même peine, ou une peine différente? Est-ce là notre législation actuelle sur la presse?

Loin d'avoir à écarter de la cause ces questions, qui tiennent du reproche et de l'inculpation, j'ai à ajouter : M. Jaquinot de Pamplune, procureur du roi au tribunal de la Seine, n'avait pas tardé de vingt-quatre heures à saisir et à dénoncer la première émission de la première de mes brochures, à requérir contre moi un *mandat de comparaître*; ce qui ouvrait contre moi une procédure bien formalisée : cela avait retenti dans tous les départemens par la voie des journaux. Qu'y avait-il de plus, qu'y avait-il de mieux à faire, que de s'en rapporter au zèle éprouvé de M. Jacquinot et du tribunal qui statue sur les poursuites de ce magistrat, avec une vigilance qu'on n'a jamais accusée de faiblesse ni de relâchement?

Mes lecteurs ne s'attendent pas aux étranges incidens dont j'ai couru les chances dans ce procès.

Oui, l'on entendait réellement m'avoir en personne dans plusieurs des *justices correctionnelles* du royaume. J'ai pu en juger par les avis officieux qui m'en venaient de tous côtés ; et je n'ai plus eu à en douter, en recevant un *mandat* à jour fixe, par le tribunal, non pas de *Boulogne près de Paris*, mais de *Boulogne-sur-Mer*. Après m'être pourvu d'un avoué, pour certifier d'avance de *ma soumission à justice*, j'avais déjà ma place retenue à la diligence, lorsqu'il m'est venu par M. le procureur du roi, M. *Jacquinot*, une tout autre pièce que ses mandats judiciaires, auxquels j'étais déjà accoutumé (j'en étais au troisième); c'était une simple lettre par laquelle j'étais averti que ma comparution à *Boulogne-sur-Mer* ne devait nullement me préoccuper. Je ferais tort à la rigidité de ce magistrat dans l'exercice de ses fonctions, si je me permettais d'imputer ici quelque chose à sa bienveillance. Je ne dois le soin qu'il a bien voulu prendre de m'éviter ainsi des voyages aux quatre coins

(42)

de la France, qu'à son juste désir de me retenir dans sa juridiction (1).

D'où peut donc venir la compétence isolée de chacun de ces tribunaux? où en est la cause ou seulement le prétexte?

Ce n'est pas d'abord dans le cours de la loi générale. Tout le monde sait qu'un fait quelconque a un lieu nécessaire où il s'accomplit; et que c'est par le lieu que se décide la juridiction dont relève un fait à poursuivre. Cela est encore plus certain en matière de *crimes et délits;* cela est aussi fixé pour les publications par la presse, hors un cas particulier dont j'aurai tout à l'heure à parler. En général, le délit par la presse ne peut être poursuivi qu'au lieu du *dépôt du livre* ou de la *résidence du prévenu.*

Dans le cas même de l'*exception*, la compétence se déclare en faveur du tribunal qui s'est saisi le premier.

Or ici, il est avéré que la connaissance de mes brochures n'a pu parvenir dans les départemens, qu'avec celle de la saisie qui en avait été faite à la poste de Paris, à la diligence de M. le procureur du roi, à Paris. Dès lors, il n'y avait donc pas lieu de procéder nulle autre part, qu'en exécution du prononcé définitif à rendre à Paris; et il fallait l'attendre.

Si un autre tribunal que celui du *dépôt du livre* ou de la *résidence du prévenu*, intervient dans cette poursuite déjà commencée, ce ne peut être que par la prétention et avec la réclamation d'une juridiction exclusive. Mais conçoit-on pour aucun tribunal de France, un droit d'exclusion de celui de la *Seine*, lorsqu'il s'agit d'un ouvrage mis en vente à Paris, avec les noms d'un imprimeur et d'un libraire de Paris!

------

(1) Je préviens les lecteurs qui répugnent à des discussions purement judiciaires, qu'ils peuvent s'épargner l'ennui du reste de celle-ci, qui est d'ailleurs la partie la moins importante de l'affaire.

Pour motiver une marche aussi bizarre, il faudrait une loi spéciale. Serait-ce la loi du 31 mars qu'on invoquerait? tout l'ensemble de la loi s'y oppose. Son esprit et ses effets sont parfaitement fixés par l'ordonnance d'exécution du 1er avril.

Les poursuites départementales s'autoriseraient-elles de la loi antérieure du 19 juin 1819, laquelle conserve son action dans tout ce qui ne lui est pas contraire par la loi postérieure?

Cette loi, de juin 1819, veut en effet, art. 5 : *Qu'au moment de la publication de chaque feuille ou écrit périodique, il en soit remis à la préfecture pour chaque chef-lieu de département, à la sous-préfecture pour ceux d'arrondissement, et dans les autres villes, à la mairie, un exemplaire signé d'un propriétaire ou éditeur responsable.*

Le même article ajoute : *Cette formalité ne pourra ni retarder ni suspendre le départ ou la distribution du journal ou écrit périodique.*

A quoi sert-elle donc cette formalité? Les lois ne se rendent-elles pas honteusement dérisoires, lorsqu'elles imposent des charges dont elles ne veulent elles-mêmes aucunes conséquences? Du moins celle-ci a eu le bon sens de n'attacher aucune peine, pas la plus légère amende, à cette violation.

Eh bien! en supposant, ce qui serait la question, que mes brochures étaient soumises à ce genre de *dépôt* qui ne concerne que des *feuilles et écrits périodiques*, s'ensuivra-t-il que tout l'ordre judiciaire puisse être renversé; que chaque tribunal puisse de partout tomber sur mes brochures; faire sur mes brochures ce qui ne pourrait être fait en nulle espèce de délit ni de contravention? Ce n'est cependant que de l'omission de ce *dépôt,* qu'on a pu partir dans la juridiction qu'on s'est donnée sur moi.

Cependant, il est en effet un cas d'*exception* où une autre loi permet aux divers tribunaux d'agir, mais par prévention, et non tous ensemble, ce qui est bien différent; ce cas est celui de la violation d'une autre espèce de *dépôt*. Mais l'omission de cette autre espèce de dépôt ne se rencontrait pas ici, et ne pouvait non plus se supposer.

Pour savoir ce dont il s'agit, il faut remonter à une autre loi, antérieure et générale, à celle du 26 mai 1819, *sur la poursuite et le jugement des crimes et délits par la voie de la presse.* Voici encore le texte de la loi.

« Art. 12. Dans le cas où les formalités prescrites par les
» lois et règlemens concernant le dépôt, auront été rem-
» plies, les poursuites, à la requête du ministère public, ne
» pourront être faites que devant les juges du lieu où le dé-
» pôt aura été opéré, ou de celui de la résidence du pré-
» venu.

» En cas de contravention aux dispositions ci-dessus rap-
» pelées, concernant le dépôt, les poursuites pourront être
» faites soit devant le juge de la résidence du prévenu, soit
» dans les lieux où les écrits ou autres instrumens de publi-
» cation auront été saisis.

» Dans tous les cas, la poursuite à la requête de la partie
» plaignante, pourra être portée devant les juges de son do-
» micile, lorsque la publication y aura été effectuée. »

Il est clair d'abord que cette loi de 1819 n'entend pas soumettre à cet autre dépôt, dont je viens de parler, et qui n'a été inventé que par la loi subséquente de 1820, qui ne tombe que sur les *feuilles et autres écrits périodiques.* Les lois ne peuvent statuer sur des cas qu'elles n'ont pas encore spécifiés.

Celle-ci n'étend indéfiniment donc la juridiction, que sur les écrits publiés sans le *dépôt préalable* de l'imprimeur, exigé par le règlement pour cette profession, et qui enjoint à chaque imprimeur de déposer à la police cinq exemplaires de tout écrit sorti de ses presses, avant qu'il puisse se dessaisir de l'édition.

Dans ce cas, l'imprimeur seul est coupable. L'ouvrage publié en fraude est censé n'avoir aucun lieu fixe où l'on puisse essentiellement le prendre, ni aucun répondant connu à qui on puisse en demander compte ; et voilà comment il est raisonnable qu'il puisse être attaqué partout, par prévention uniquement ; car, dès qu'il y a quelque part un prévenu atteint, là doit se concentrer la procédure. Comment donc l'ont entendu mes juges des départemens ? ne pouvaient-ils s'assurer que mon imprimeur s'était mis en règle ? n'ont-ils pas dû le supposer, de cela seul qu'il se nommait en tête de l'ouvrage ? est-ce d'ailleurs contre l'imprimeur qu'ils ont informé ?

Observez enfin que dans l'application de la loi, telle qu'ils affectent de l'employer, il aurait fallu deux dépôts, tandis que chacune des lois que je viens d'analyser n'en exige qu'un seul, celui qui va à son but isolé.

Donc, tous ces jugemens n'ont opéré qu'en vertu de la loi du 19 juin, qui les excluait formellement de toute compétence.

Quatrième nullité, en ce qu'on a appliqué les peines de la loi du 31 mars à ce qu'on ne pouvait rechercher que comme une infraction, *exempte de peine par cette loi.*

Je distingue la *contravention* à une loi de *l'infraction* d'une loi.

Pour *contrevenir* à une loi, il faut se trouver placé sous l'empire de cette loi, et avoir fait une chose défendue par elle.

On *enfreint* une loi, quand n'étant pas sous son empire, on vient la braver par une violation positive ; quand on tourne contre son exécution, par un abus évident, l'exercice des libertés qu'elle a laissées.

Les citoyens de chaque pays sont soumis à la police de leur pays ; ils y *contreviennent*. Les étrangers peuvent ne pas s'interdire ce que défend la police d'un pays qu'ils habitent ; ils *l'enfreignent*.

Je rentre dans ma cause, et je dis : me suis-je déclaré journaliste ? frappez-moi des *contraventions* propres aux journaux.

Veux-je faire un *journal,* sans me déclarer *journaliste ?* réprimez cette *infraction* à vos statuts sur les journaux.

Mais procédez comme il appartient aux *infractions* et non pas aux *contraventions;* sans quoi vous bouleverserez tout, en confondant tout.

L'analogie avec l'étranger a ici une exactitude rigoureuse : de même que dans la recherche d'un délit par celui-ci, il faut l'admettre d'abord à la vérification d'un fait préalable, savoir s'il est ou non homme du pays ; car s'il est vraiment étranger, il peut y avoir en sa faveur des excuses ; et de plus, la nécessité d'un autre mode de procéder : de même, dans une poursuite contre un écrivain qui ne se reconnaît pas journaliste, il faut constater, avant tout, si cette qualification résulte des caractères de sa publication.

La loi du 31 mars a spécifié nettement ce qu'elle entend par *journaux et écrits périodiques.*

« La libre publication des journaux et écrits périodiques,
» *consacrés en tout ou en partie aux nouvelles et aux*
» *matières politiques, paraissant, soit à jour fixe, soit ir-*
» *régulièrement et par livraisons,* est suspendue tempo-
» rairement jusqu'au terme ci-après fixé. » (Art. 1er.)

Ce n'est pas celle-ci ou celle-là de ces fixations qui constitue ce genre d'écrits, c'est toutes ensemble.

Des écrits qui se lieront ensemble par un esprit général ou par une combinaison dans leur plan, pourront être consacrés à discuter des *nouvelles ou matières politiques,* sans pour cela sortir des lois générales sur la presse, pour passer dans le domaine de la loi spéciale contre les *journaux.*

Ne pas admettre ce sens dans la loi, serait convertir la spécialité en généralité. Procéder ainsi par l'autorité des tribunaux, serait employer l'action judiciaire à une extension manifeste de la loi, par conséquent à une réelle prévarication contre la loi. L'action judiciaire apporterait la servitude où la loi a cru conserver la liberté.

Il faut donc, dans un ouvrage ou des ouvrages qui embrassent des *matières politiques,* pour le déclarer journal, la jonction de ces autres circonstances :—*paraissant soit à jour fixe, soit irrégulièrement, et par livraisons.*

Faites-vous une entreprise de librairie avec toutes ces conditions? tout est simple, facile, avantageux entre vous et le public. On sait positivement ce que vous avez à fournir ; quand et comment on le recevra ; et ce qu'on aura à vous payer sans plus et sans moins. Voilà pourquoi le public et les propriétaires, en pareille chose, tendent toujours, par une convenance commune, à se porter sur ces bases.

Ne pas les rechercher ou y renoncer, lorsqu'on en jouit, est donc nécessairement se placer d'intention et de fait en dehors de l'espèce des écrits sur lesquels le gouvernement a obtenu une censure temporaire.

Revoyons maintenant le système de ma *librairie.*

Je suis libraire : des gens de lettres me fournissent des ouvrages divers en littérature, en philosophie, en politique surtout; car mon métier est de me conformer au goût et au besoin actuels du public. Je publie déjà les uns; j'en annonce d'autres qui me sont promis, et dont les plus avancés sont déjà sous presse ; je vends tout cela en masse ou en détail, pour le compte de mes auteurs et le mien, suivant nos conventions. Je fais aussi mes prix et mes marchés, tantôt ne livrant que les écrits présens, tantôt m'obligeant à en fournir de prochains ; le tout suivant les lois et les usages du commerce.

Je demande si, en s'établissant, la *Minerve* s'était annoncée ainsi? Je demande si jamais aucun *journal* opéra aïnsi? Je demande s'il est un homme versé dans le commerce de *librairie,* qui ne reconnaisse en ceci une de ces spéculations où l'on se contente de la liberté générale, en renonçant à tout ce qui tient à ces priviléges qu'accorde le gouvernement, en compensation des charges qu'il impose?

En un mot, les journaux n'étant plus libres, mais les brochures restant libres, nous avons quitté, à notre préjudice, le terrain que nous occupions avec de grands avantages, pour en chercher un autre où tout dépendait de chances à courir.

Mais il y a dans le plan de votre entreprise *suite à la Minerve,* connexion avec la *Minerve!*

Ce n'est pas là la question. Y a-t-il matériellement la chose que la loi a constituée *journal?* vous avez juridiction. La chose n'a-t-elle pas tous ces caractères? vous n'avez plus juridiction, n'importe qu'elle ait de la suite et de la connexité avec quoi que ce soit, même avec un journal antérieur.

Des brochures successives, sur toutes espèces de sujets, dont les titres, les volumes, l'époque et le nombre des émissions, sont aussi indéterminés pour les auteurs que pour les lecteurs; où tout dépendra des circonstances; de l'activité ou de la non activité des collaborateurs; du succès ou du non succès de ces productions diverses ou séparées, des écrits qui peuvent se multiplier jusqu'à former un ou plusieurs volumes dans un seul mois; qui peuvent cesser entièrement pendant un autre mois; reparaître ensuite par des publications plus ou moins rares, à des distances plus ou moins rapprochées, pour s'accumuler après dans des volumes se succédant de semaine en semaine : des écrits qui peuvent offrir également des traités complets ou quelques rapides observations; où rien n'est susceptible d'un *abonnement* fixe et général; où il faudra sans cesse des *marchés* variables de lieu en lieu, d'époque en époque; variables de quotité sur les objets à fournir et les sommes à payer : voilà ma nouvelle entreprise.

Une telle entreprise peut-elle être réputée, avec bon sens et bonne foi, identiquement la même que celle de la *Minerve*, qui donnait quatre volumes par année, en cinquante-quatre livraisons, de chacune quarante-huit pages, un tiers de volume par mois, à des jours indéterminés, et qui avait des *abonnemens* à trois mois, six mois et à l'année?

Comment établissez-vous *cette suite et connexité*, dont vous arguez? *Mêmes auteurs, même doctrine, même papier, même imprimeur, même administration, envoi aux mêmes lecteurs.*

Voyons ce qui serait arrivé avec une seule circonstance de moins : par exemple, si les auteurs de la *Minerve* se fussent dissimulés dans leur nouvel ouvrage.

On ne pouvait plus supposer là qu'une autre société qui se formait; elle concevait ce même plan, publiait ce même prospectus. Trouvant vacant de service le magasin de papier de la *Minerve,* son imprimeur, ses agens, ses bureaux, elle traitait avec eux, et s'en emparait. De plus, ayant à faire connaître, par un premier essai, le ton, les formes, les doctrines, le style de la collection, ou plutôt de la manufacture d'écrits qu'elle annonçait, elle empruntait ou se procurait la liste de souscripteurs de la ci-devant *Minerve;* elle supposait qu'elle rencontrerait parmi eux plus de dispositions à faire ces *marchés,* moyen propre de sa spéculation. J'ajoute encore qu'on ne pourrait lire ce premier écrit qu'elle publierait, sans y reconnaître les doctrines du parti politique en France qu'on appelle *libéral;* couleur qu'avait incontestablement, mais non pas exclusivement, la *Minerve.*

Je demande si alors il y aurait eu poursuite contre cet ouvrage, sous prétexte de *suite et de connexion* avec la *Minerve.*

Je demande ensuite si ce qui était libre et licite à tous autres que les auteurs de la ci-devant *Minerve* (bien entendu, sauf tous autres moyens de répression), leur était interdit par une exception spéciale. Personne ne sera assez insensé pour les supposer hors du droit commun. Présenter sur ce point la question, telle qu'elle, c'est la réfuter.

La bonne foi exige cependant que j'admette ici une différence remarquable, dans le plan d'une nouvelle entreprise, entre la société de la *Minerve* et une autre société. Cette différence porte sur un envoi *aux souscripteurs de la Minerve*. Il est évident que, de la part d'une société nouvelle, tous ces souscripteurs sont uniquement une portion du public, avec laquelle on cherche à établir des rapports; et que, de la part de l'ancienne société de la *Minerve*, on voit là des masses de personnes avec qui on a des rapports déjà établis, et avec qui on cherche à les renouveler.

Je pourrais répondre : prouvez-moi que toutes les adresses des *brochures* publiées sous la rubrique de *librairie de Lacretelle aîné*, allaient à tous *les souscripteurs de la Minerve* et à nuls autres. Sans cette preuve, vous n'avez point le fait tel qu'il vous le faut, pour mettre en avant votre prétendu délit de *suite et de connexion*.

J'ai plus d'avantages à dispenser moi-même mon accusateur d'une preuve qui tombe sur lui; et pour abréger la discussion au moins sur ce point, je fais ici une déclaration franche et nette. Les envois saisis à la poste n'étaient pas faits à tous les souscripteurs de la *Minerve*, mais à une majeure partie; ils l'étaient aussi, dans une moindre quantité, à des personnes, qui n'étaient pas ou qui n'étaient plus sur le registre des *abonnemens*.

Qui n'aperçoit que l'interdiction ne pouvait être à entretenir avec eux des *rapports*, mais à continuer les mêmes *rapports?* Or, les intérêts, dans le nouveau système, devenaient tout différens. Convenait-il aux *souscripteurs* qui ne payaient que 50 fr. pour un abonnement à l'année de la *Minerve*, de payer peut-être 150 fr. au bout de l'année, pour le prix total des écrits ou brochures que nous leur aurions envoyés? Nous convenait-il à nous de n'être payés que par 50 fr. d'une valeur de 150 fr., plus ou moins?

Il est clair qu'il fallait ici transformation des *abonnemens* de la *Minerve* en des *marchés* sur des brochures et
ouvrages. En ce point, nous ne nous adressions plus à nos
souscripteurs, que comme à des hommes que nous pouvions et devions présumer plus affectionnés à notre spéculation nouvelle, à une spéculation agrandie.

Mais qui n'avouera que nous, auteurs et propriétaires de
la ci-devant Minerve, nous restions avec nos souscripteurs
dans un lien qui nous obligeait à des explications, à des com-
pensations, à des acquittemens? Et quelle autorité s'avisa jamais, non-seulement d'incriminer, mais même d'entraver la
fin des obligations contractées sous la puissance et la ga-
rantie de la loi antérieure?

Nous avions reçu, suivant l'usage, l'argent de nos *abonnés,* soit ceux à trois mois, soit ceux à six mois, soit ceux à
l'année. Comment avons-nous dû raisonner, et comment
avons-nous en effet raisonné notre compte avec eux?

Nous avons dit d'abord : La *Minerve* n'a commencé
qu'en se mettant hors de l'empire d'une *censure,* qui existait
alors sur les journaux. Elle n'a reçu caractère de *journal,*
qu'en se soumettant à l'injonction de fournir un *cautionne-
ment* et un *éditeur responsable;* mais aussi en jouissant de
l'abolition qui venait d'être portée de toute *censure,* sous la
répression des abus par la loi générale. Voici un rétablisse-
ment d'une *censure* par le gr vernement. Il nous appartient de nous croire et de nous montrer des écrivains qui
ne fléchissent pas sous cette odieuse et funeste suspension
du droit constitutionnel. Nos *abonnés* ne peuvent exiger de
nous une servitude étrangère à nos engagemens. Ils ne nous
ont connus que libres; ils ne peuvent nous vouloir esclaves.
Nous ne devons plus les livraisons qui nous ont été payées,
qu'à l'époque où reviendra notre pleine liberté de penser
et d'écrire. Si nous suspendons nos engagemens tels qu'ils
ont été pris, c'est la force majeure qui opère. Personne n'est
obligé à une autre chose que la chose promise; nul ne peut
être contraint où intervient la force majeure.

Ensuite nous avons ajouté : puisque nous avons adopté une autre combinaison de travaux littéraires, philosophiques et politiques, il sera plus agréable à nos *souscripteurs* d'être remplis des *livraisons* à faire, par cet échange naturel et facile, où il n'y aura ni délai, ni incertitude. Et en ceci tout s'accomplira dans la plus rigoureuse parité : tant de feuilles d'impressions à fournir à celui-ci; tant à celui-là : au lieu des cahiers appelés *Minerve*, des *brochures* différentes entre elles de titres, de volume et de prix. C'est ainsi que nous finirons sur les *abonnemens* de la Minerve, auxquels succéderont les *marchés* du nouvel établissement.

Voilà une mesure honnête, convenable à la circonstance; et elle est punie comme un crime! Moi, personnellement, je pouvais ne pas accepter une responsabilité d'une autre espèce; j'ai voulu me reproduire sous une autre forme, une forme moins onéreuse, qui ne me soumettait plus qu'aux lois sur un commerce qui se lie à la profession des lettres; car il ne répugne pas que celui qui fait des livres, veuille et sache les vendre; et je suis frappé seul, non pas pour ce que je fais aujourd'hui, mais pour ce que je n'ai plus ni la volonté ni la possibilité de faire encore! Nous pouvions tous obtenir les avantages de notre nouvelle combinaison, en ne la produisant que sous des noms fictifs ou interposés! rassurés par la candeur de nos desseins, nous avons voulu n'employer aucun artifice; et notre franchise a tourné en persécution pour l'un de nous, et en ruine pour tous!

Rapprochons maintenant cette marche judiciaire des règles qu'imposait la loi.

Je conviens que dans l'effarouchement ou l'esprit de persécution, qui se sont saisis des autorités actuelles en tout ce qui tient à l'exercice de la presse, elles ont pu d'abord se figurer dans le plan de mes *brochures successives*, quoique indépendantes les unes des autres, un vrai *journal*, un *journal* d'une espèce nouvelle.

Eh bien! votre loi du 31 mars ne permet aucun nouveau journal, *sans une autorisation préalable* du gouvernement.

Constatez donc si les caractères que la loi assigne aux *jour-naux* se rencontrent dans cette entreprise.

Et prenez garde que la loi ne vous permet de prendre en considération que les signes matériels qu'elle-même a spécifiés ; et non pas des *suites et connexions*, dont elle ne parle pas.

Prenez garde que vous n'avez droit de prohiber le cours de l'entreprise, s'il y a lieu, que jusqu'à l'accomplissement de la condition nécessaire.

Prenez garde enfin qu'aucune peine n'est portée contre une pareille entreprise, qui peut être justifiée par la bonne foi de ses auteurs ; et où l'*infraction* elle-même peut cesser, avec quelque chose de plus ou de moins dans l'exécution. La loi n'a pas voulu tuer toute liberté politique de discuter les actes du gouvernement, tout exercice de l'industrie particulière en librairie, sous prétexte de prévenir des *jour-naux non censurés*.

Si vous prétendez qu'il y a dans tout cela une *fraude*, une *simulation*, c'est une autre affaire ; vous ne poursuivez plus une contravention à une loi particulière, mais un délit contre le code général. Procédez donc par le code, et non par la loi sur les *journaux*.

Surtout, prenez le coupable tel qu'il se produit ; c'est le *libraire Lacretelle aîné :* et n'allez pas si ridiculement rechercher le ci-devant *éditeur responsable, Lacretelle aîné*, qui n'existe plus.

Qu'importe ici que les brochures inculpées aient été adressées à tels ou tels individus, *souscripteurs* ou non d'un autre ouvrage ? En soi, il n'y avait pas plus de *délit* ou de *contravention* à les envoyer qu'à les recevoir. Que sont-elles dans la forme de leur émission et suivant la loi ? Nul autre objet de recherche et d'examen.

Cinquième et dernière nullité, en ce qu'on a supposé un délit sans nom dans la loi, pour lui appliquer les peines d'une contravention.

Cette dernière nullité se présente sous plusieurs aspects.

1°. Vous me poursuivez pour une *omission de dépôt* et une *soustraction de censure :* fort bien, si mes brochures y étaient soumises ; ce seraient deux contraventions à votre loi du 31 mars. Mais le moyen par lequel vous me constituez dans ces deux *contraventions,* c'est une inculpation de *suite à la Minerve,* de *connexité avec la Minerve.* Ce moyen incriminé par vous n'étant pas prévu par la loi, n'est pas susceptible des peines qui y sont énoncées. Il serait d'ailleurs plus *qu'une contravention* ; ce serait un *délit,* qui demanderait sa peine séparée. Le fait vous échappe comme *délit,* parce que la loi n'en parle pas ; et vous le punissez comme *contravention,* quoiqu'il soit autre chose qu'une *contravention !* C'est faire à la fois plus et moins qu'il n'appartient au cas donné ; c'est vous jouer de toutes les règles judiciaires et dans tous les sens.

2°. Ce prétendu délit de *suite à la Minerve, de connexité avec la Minerve,* ou vous prétendez que je l'ai commis de bonne foi et sans simulation, ou de mauvaise foi et avec simulation.

Est-ce sans simulation ? Il en résulte donc qu'en voulant continuer la *Minerve,* j'aurais prétendu l'affranchir du *dépôt* et *de la censure;* ou bien, que je me serais dessaisi d'un établissement tout monté, pour courir les chances d'un nouveau, en bravant la nécessité d'une *autorisation !* cela serait d'une stupidité sans exemple. Les lois, dans leurs précautions, la justice, dans ses recherches, admettent les inté-

rêts pour cause des crimes, et non les bêtises comme signes des crimes.

Vous entendez donc que j'ai voulu vous tromper, ou sur
cette *Minerve* que je continuais, ou sur cette autre *Minerve*
que je commençais. Alors ne me frappez pas tout ensemble pour avoir cherché le profit d'une fraude, et pour n'a-
voir point renoncé à ce profit : *Non bis in idem*. Assurément si je veux faire un journal en *fraude*, il implique que
j'aille vous le déclarer, en réclamant, ou votre *censure*, ou
votre *autorisation*. Jamais un coupable ne fut tenu de déposer contre lui-même ; et surtout jamais il n'en fut puni.

3°. Une *suite* à une chose quelconque, une *connexité*
avec cette chose quelconque, peut avoir lieu tout à la fois
par les formes, c'est-à-dire, par des signes matériels ; et
par le fond, c'est-à-dire, par des rapports purement mo-
raux ; ou bien, par chacune de ces manières, séparément.
Est-ce par les deux accusations que vous procédez, ou par
un seule ? et laquelle ?

Voilà ce qui est à bien distinguer ; et ici particulièrement
la différence dénature tout. Dites – moi donc nettement
comment vous l'entendez : sans cela, comment puis-je vous
répondre ?

Toute accusation, pour être valable, doit être précise ;
elle doit énoncer ce qu'elle admet, ce qu'elle exclut.

Or, malgré mes pétitions et mes protestations à cet égard,
on n'a jamais rien voulu fixer ; de sorte qu'il y a tout ensemble ici un *délit* sans définition dans aucune loi ; un *délit*
indéterminé dans le mode de son exécution ; un *délit* frappé de la peine exclusive d'une *contravention ;* et une *contravention,* dont l'espèce du fait ne permet pas la supposition.

Ce vice fondamental des procédures est tel, qu'il criera
éternellement contre tous les jugemens où il n'aurait pas
été reconnu et réparé ; j'ai par-là le triste avantage d'avoir
mes moyens de cassation, acquis, en cas de besoin, avant
même les jugemens.

Le procédé de l'erreur a consisté à se livrer à une aversion individuelle; et il faut bien le dire, à une haine de parti, sur un ouvrage fini, pour juger d'un autre ouvrage qui commençait. C'est ainsi qu'en confondant sans cesse ce qu'on aurait pu sur une personne en telle qualité, avec ce qu'on ne pouvait plus contre elle sous telle autre qualité; ce qui dans la chose en question était devenu illicite avec ce qui restait licite; en brouillant les notions qui devaient guider, non moins que les faits à vérifier : on est parvenu à décider d'avance ce qui ne pouvait même être mis en question; à ne plus laisser pour matière d'un jugement définitif qu'un degré de culpabilité à déterminer, en refusant toutes les voies de faire tomber l'accusation même.

Quand une funeste préoccupation a égaré les premiers pas du juge, où ne peut-il arriver par l'orgueil naturel de tous les pouvoirs, trop enclins à se faire des liens de leurs propres erreurs? N'avais-je pas à craindre, d'après des exemples répétés, qu'à l'audience on ne réduisît mon avocat à renfermer ma défense dans le texte de la dénonciation, et à me faire désavouer en quelque sorte mon droit d'accuser l'accusation même par l'impossibilité de l'exercer?

Ce Mémoire est particulièrement destiné à prévenir cette monstrueuse conséquence d'une pareille procédure.

RÉSUMÉ.

Si je voulais sortir de la triste gravité d'un procès correctionnel, d'une condamnation en *amende* et en *emprisonnement,* contre un ci-devant membre du ci-devant ordre des avocats au barreau de Paris; un ancien membre de plusieurs de nos assemblées nationales; un ancien membre du ci-devant Institut de France; un membre encore actuel de l'Académie française renouvelée, et âgé de soixante-dix ans, j'offrirais ici un résumé de ma cause, aussi agréable à lire que celui qui va suivre sera sec et froid. Il était fait d'avance dans une fable de La Fontaine, où l'on reconnaîtra, je crois, une ressemblance, qui approche beaucoup de la similitude.

LES OREILLES DU LIÈVRE,

(*Liv.* v, *Fab.* iv.)

Un animal cornu blessa de quelques coups
    Le lion, qui, plein de courroux,
    Pour ne plus tomber en la peine,
    Bannit des lieux de son domaine
Toute bête portant des cornes à son front.
. . . .
. . . .
    Chacun à s'en aller fut prompt.
Un lièvre apercevant l'ombre de ses oreilles,
    Craignit que quelque inquisiteur
N'allât interpréter à cornes leur longueur,
Ne les soutînt en tout à des cornes pareilles :
Adieu, voisin grillon, dit-il, je pars d'ici :
Mes oreilles, enfin, seraient cornes aussi ;
Et quand je les aurais plus courtes qu'une autruche,
Je craindrais même encor. Le grillon repartit :
    Cornes cela ! vous me prenez pour cruche !
      Ce sont oreilles que Dieu fit.
      On les fera passer pour cornes,
Dit l'animal craintif, et cornes de licornes :
J'aurai beau protester : mon dire et mes raisons
    Iront aux petites-maisons.

A l'application, on voit que les *cornes* seraient les journaux, et les oreilles les brochures.

La moralité, quant aux *auteurs de la Minerve*, aurait été qu'avec *de certains inquisiteurs*, et sous la griffe *du lion*, tout *animal*, même celui qui a mis bas ses *cornes*, pour se réduire à des *oreilles,* s'il ne songe qu'à sa sûreté, n'a de ressource que dans la sage poltronnerie du *lièvre.*

Mon respect pour mes juges me défend de supposer, que

..... Mon dire et mes raisons
Iront aux petites-maisons.

Je dois plutôt me confier à la loi, qui m'avait tracé elle-même le plan de ma défense :

« Si le fait est *reconnu* n'être ni délit, ni contravention » de police, le tribunal annullera l'instruction, la citation et » tout ce qui aura suivi, renverra le prévenu, et statuera sur » les dommages-intérêts. »

Je crois avoir démontré qu'il n'y a dans *le fait* dont je suis *prévenu,* ni la possibilité d'une *contravention,* ni l'apparence même d'un *délit.*

Un ouvrage qui avait reçu les caractères d'un journal, et par-là soumis à toutes les entraves imposées à ce genre d'écrits, avait mieux aimé finir que d'accepter la dégradante servitude de la censure.

Un autre ouvrage, d'un autre plan, d'autres formes, mais par les mêmes auteurs, et s'adressant par le lien des anciens rapports, aux mêmes lecteurs, avait voulu se substituer à celui qui était abandonné; mais en ne le remplaçant que comme le plus remplace le moins, et en se dénaturant par des combinaisons matérielles, essentiellement différentes.

Le fantôme de ce délit n'existe encore que par le refus du juge de se laisser déprévenir, dès l'origine; ce n'est que dans sa funeste illusion qu'il a pu trouver le moyen de soumettre le fait à une peine. N'en rencontrant pas dans la loi pour un *délit* sans nom, il lui a appliqué celle d'une *contravention de police.* Qu'est-ce, dans l'ordre judiciaire, qu'un déplacement des peines par le juge? qu'est-ce, en soi, qu'un délit de la création du juge? Voilà les seules questions qui restent dans le procès.

Je dois donc être *renvoyé*, avec *annullation* de toute la vexation judiciaire que j'ai éprouvée.

Je dois être renvoyé, avec une réserve sur *mes dommages-intérêts*.

P. L. LACRETELLE (AINÉ);

Me PERSIL, *défenseur;*

Me LACOSTE, *avoué.*